Hallo!

In der Geschichte findest du an einigen Stellen Profifragen zum Text.

Deine Antworten kannst du mit einem Lesezeichen überprüfen. Das kannst du hinten aus dem Buch herausnehmen.

Es ist dein Lösungsschlüssel!

Erschienen bei FISCHER Duden Kinderbuch

Fachberatung: Ulrike Holzwarth-Raether
Layout: Farnschläder & Mahlstedt, Hamburg
Umschlagkonzept: Frauke Schneider, Wittighausen
Umschlaglayout: Mischa Acker, Brühl

Druck und Bindung:
Grafisches Centrum Cuno GmbH & Co. KG, Calbe
Printed in Germany
ISBN 978-3-7373-3351-1

Fußballfieber im Stadion

Irene Margil

mit Bildern von Jörg Hartmann

FISCHER Duden Kinderbuch

Inhalt

1. Hurra! Geburtstag!

Lasse öffnet die Augen.
Seine Fußball-Uhr zeigt acht Uhr.
Mama und Papa
haben ihn nicht geweckt.
„Endlich Geburtstag!“, ruft er.
„Jetzt bin ich neun!“
Sein größter Wunsch ist ein Trikot
der deutschen Nationalmannschaft.
Er stürmt in die Küche.

Opa ist auch schon da.
„Schon wach?“, lächelt er.
„Na klar, ich will doch wissen,
was ich geschenkt bekomme!“,
ruft Lasse.
Aber zuerst singen Opa,
Mama und Papa
für Lasse das Geburtstagslied.
Lasse kann kaum zuhören.
Er schielt schon zum
Geschenketisch.

Aber was ist das?
Er sieht noch mal genau hin.
Kein Geschenk sieht aus
wie ein verpacktes Trikot!
Dabei stand es doch ganz oben
auf seiner Wunschliste!
Lasse packt seine Geschenke aus.
Jetzt gibt Opa Lasse einen Umschlag.

Ein Trikot kann da nicht drin sein.
Opa weiß doch genau,
was er sich wünscht!
Lasse öffnet den Umschlag.
Er holt eine Karte heraus und liest.
„Eine Eintrittskarte fürs Stadion!
Das ist noch besser als ein Trikot!“,
freut er sich.
„Kommst du mit?“, fragt Opa.
Das muss er nicht zweimal fragen!
Schon morgen geht es los.

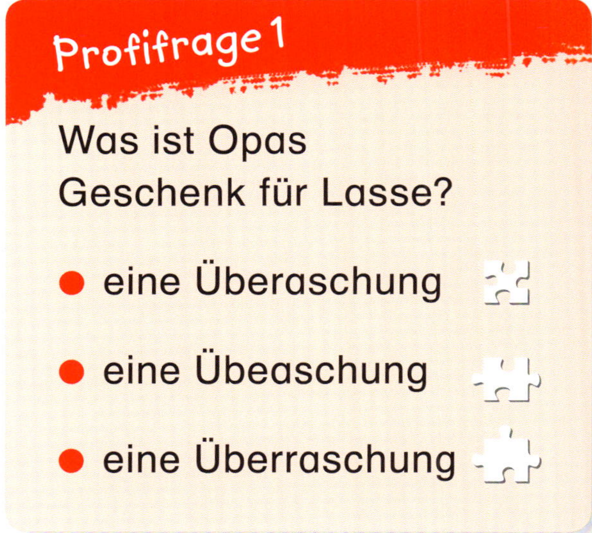

Deutschland spielt gegen Italien
in ihrer Stadt.
Und Lasse und Opa sind dabei!
Seit Tagen wird von diesem
Freundschaftsspiel berichtet.
Es ist komplett ausverkauft.
„Wir gehen ins Stadion!“, ruft Lasse
und wedelt mit seiner Karte.
Schade, dass er
kein Trikot bekommen hat.
Das hätte er beim Spiel
prima tragen können.

„Huch!“, grinst seine Mutter plötzlich.
„Jetzt haben wir doch fast
ein Geschenk vergessen.
Ich hole es schnell!“
Sie kommt
mit einem Päckchen zurück.
Das sieht aus wie …

Lasse reißt das Papier auf.
Und tatsächlich!
Es ist das Nationaltrikot.
Mit seinem Namen und
seiner Nummer
auf dem Rücken.
Der Zwei.
Lasse spielt in seinem Verein
in der Abwehr.
Schnell zieht er es über den Pyjama.
Das Trikot passt perfekt!

Damit ist er für das Spiel
im Stadion gerüstet.
„Das Wetter spielt wohl mit“,
sagt Opa.
„Morgen wird es sonnig, aber kalt!
Also zieh dich warm an!“
Lasse hüpft um Opa herum und jubelt:
„Olé-olé-olé-olé!“

Profifrage 2

„Das Wetter spielt mit“, sagt Opa.
Was meint er?

- Das Wetter spielt Fußball.
- Das Wetter passt.
- Das Wetter ist schlecht.

Am nächsten Tag betrachtet Lasse
sich stolz im Spiegel.
Sein Schal hat die Farben
der deutschen Nationalflagge.
Das passt super zum Trikot.
So kann es jeder sehen:
Lasse ist ein großer Fußballfan.
Heute wird er im Stadion sein!
Lasse kann es kaum erwarten.

Lasse malt Opa
die deutsche Flagge auf die Wange.
Mit einem dreifarbigen Stift
zum Schminken geht das ganz leicht.
„Jetzt bin ich dran!“, sagt Opa.
„Hihihi! Das kitzelt!“, ruft Lasse.
Opa lacht.
„Halt still!“, ruft er.
„Oder willst du eine Zickzack-Flagge?“
Lasse lacht und schaut auf die Uhr.
„Noch drei Stunden bis zum Anpfiff“,
jammert er.

2. Überall Gedränge!

An der Bushaltestelle stehen
die Menschen dicht gedrängt.
„Der Bus kommt!“, ruft Opa.
Das Gedränge wird noch größer.
Alle wollen mit.
Niemand will draußen bleiben.
Opa stupst Lasse in den Bus.
Dann drängt er sich als Letzter hinein.
Die Türen schließen.
Lasse kann kaum atmen,
so eng stehen alle bei ihm.
„So ist das eben, wenn man im Stadion
dabei sein will“, sagt Opa.

An jeder Haltestelle zwängen sich Menschen rein und raus.
Viele wollen bis zum Stadion.
Aber nicht alle.
Einmal muss Lasse sogar aussteigen und andere hinauslassen.
Aber dann drängen sich plötzlich einige Menschen vor ihn.
Lasse kommt nicht wieder herein!
„Hey, mein Enkel muss noch mit!“, ruft Opa durch den Bus.
Endlich wird für Lasse Platz gemacht.

Durch das Fenster in der Bustür
schaut Lasse nach draußen.
Die Autos stehen im Stau.
Da winkt ein Mädchen
im Trikot von Italien!
Lasse winkt zurück.
Aus vielen Fenstern hängen Flaggen.
Mal schwarz-rot-gold für Deutschland,
mal grün-weiß-rot für Italien.
Ein Fußgänger überholt den Bus.

„So kommen wir viel zu spät an“,
sagt Lasse.
„Das ist ganz normal“, sagt Opa.
„Es ist normal, wenn wir
den Anstoß verpassen?“,
wundert sich Lasse.
Schließlich regelt
ein Polizist den Verkehr.
Er bewegt seine Arme hin und her
und bläst in eine Trillerpfeife.
„Wie ein Schiedsrichter!“, denkt Lasse.

Profifrage 3

Weißt du das? Wer gibt beim
Fußball das Zeichen zum Anstoß?

- der Trainer
- der Schiedsrichter
- der Kapitän der Mannschaft

Dann sind sie endlich da.
Lasse atmet tief durch.
Aus allen Richtungen
strömen Besucher zum Stadion.
Mal in großen Gruppen,
mal zu zweit.
Wie Lasse und Opa.
Alle laufen direkt zu den Eingängen.
So viele Menschen auf einmal
hat Lasse noch nie gesehen.

Plötzlich hört er jemanden brüllen.
„Mama! Papa! Mama! Papa!“
Neben ihm weint ein Kind.
„Wir sind direkt hinter dir, Schatz!“,
sagt seine Mutter.
Der Vater nimmt das Kind huckepack.
Dort oben auf den Schultern
kreischt es vor Freude.
„Hopp, hopp!“, treibt es ihn an.

„Hier müssen wir zur Kontrolle durch!“, sagt Opa.
Die beiden rücken Schritt für Schritt in einer langen Schlange nach vorne.
„Singen da schon die Fans?“, fragt Lasse unruhig.
Opa nickt.
Lasse will endlich rein!

Nach einer halben Stunde
sind sie an der Reihe.
Ein Mann in einer dicken Jacke
prüft die Tickets.
Ein anderer Ordner tastet
Opa von Kopf bis Fuß ab.
Lasse stülpt
seine Taschen nach außen.
Leer! Trotzdem wird er abgetastet.
„So ist das eben,
wenn man im Stadion
dabei sein will“, denkt Lasse.

Dann muss Opa den Rucksack öffnen.
Opa weiß natürlich:
Man darf keine Glasflaschen
mit ins Stadion nehmen.
Böller, Knaller und Raketen
sind auch verboten.
„Viel Spaß dann!“,
sagt der dritte Ordner.
Beide dürfen hinter das Gitter.

Opa zeigt auf ein Schild.
„Falls wir uns verlieren,
treffen wir uns genau hier.
Mach mal deine Hand auf!“
Opa schreibt etwas in Lasses Hand.
„Das Stadion ist in Blöcke aufgeteilt“,
erklärt er.
„Hier ist Block 7.
Und der Aufgang ist Aufgang G.“
Opa deutet auf Lasses Hand.
„So vergisst du den Treffpunkt nicht.“
„Super Idee“, denkt Lasse
und schaut zufrieden in seine Hand:
AUFGANG G, BLOCK 7.

„Wir lassen uns nicht los,
bis wir an unserem Platz sind“,
sagt Opa.
Es ist gar nicht so einfach,
Hand in Hand durchs Stadion zu gehen.
Ständig drängeln sich Leute
zwischen sie.
„Aua!“, ruft Lasse und muss lachen.
Opa drückt seine Hand viel zu fest.
Plötzlich lässt Opa Lasse los.
„Geschafft! Wir sind da!“, sagt er
und setzt sich.

Profifrage 4

Wo treffen sich Lasse
und Opa notfalls wieder?

- Block 7, Aufgang D
- Block 7, Aufgang G
- Block 7, Aufgang B

Lasse pikst Opa in die Seite.
„Das Aufwärmtraining läuft noch!“,
freut er sich.
Die Spieler passen sich die Bälle zu.
Ist Lasses Lieblingsspieler dabei?
Er war verletzt.
Bis zuletzt war unklar,
ob er mitspielen wird.
Aber Lasse entdeckt ihn schnell.
„Da ist er!“
Vor Freude hüpft er in die Luft.
Aber darf er von Anfang an dabei sein?
Die Spieler verlassen das Feld.

Aus den Lautsprechern kommt Musik.
Der Block füllt sich schnell.
Opa lächelt zufrieden.
„Die Leute dort in den Fanblöcken
sind von weit her angereist.
Mit Bus und Bahn.
Wir hatten zum Glück
nur ein paar Stationen mit dem Bus."
Die Länderflaggen werden
auf dem Rasen ausgebreitet.
Auf dem Spielfeld schwenken
Männer und Frauen riesige Flaggen.

Ein Band wird ausgerollt.
Darauf steht in großen Buchstaben:
„Fußball verbindet Freunde!"
Ein Kran hebt einen Mann
in einem Korb vor den Fanbereich.
Das ist der Vorsänger,
das hat Lasse mal gelesen.
Er brüllt in ein Sprachrohr aus Metall.
Das ist ein Megafon.
Seine Rufe sind dadurch noch viel lauter.
Die Fans sprechen ihm nach.
Jetzt singen sie:
„Olé-olé,
super Deutschland,
olé!"

3. Jetzt geht's los!

Eine Männerstimme
hallt durch die Lautsprecher.
„Ohren auf, Lasse!“, sagt Opa.
„Jetzt kommt die Ansage,
wer gleich spielt.“
Der Sprecher ruft
nur die Vornamen.
Die Fans brüllen die Nachnamen.
Auch Lasse und Opa machen mit.
Am lautesten rufen sie
bei Lasses Lieblingsspieler.
„Er ist dabei!“, freut sich Lasse.

Lasse streicht stolz über sein Trikot.
Um ihn herum
trägt niemand das Nationaltrikot.
Doch!
Ein paar Reihen tiefer entdeckt er
einen Jungen im Trikot.
„Lino“ steht darauf,
und die Rückennummer ist die Zwei.
„Also auch ein Verteidiger, wie ich?“,
überlegt Lasse.

Profifrage 5

Lies rückwärts.
Wie heißt der
Junge vor Lasse?

- OLIN
- NILO
- ONIL

Was saust da hoch oben
durch die Luft?
Wie eine riesige Spinne am Faden
flitzt das Ding
an Drahtseilen hin und her.
„Das ist eine Kamera, die alles
von oben filmt!“, erklärt Opa.
Auch am Spielfeldrand
stehen viele Fernsehkameras.
Hinter den Toren warten Fotografen
auf den Anpfiff.

Schon führen die Schiedsrichter
die Mannschaften aufs Feld.
In zwei Reihen gehen die Spieler
auf den Platz.
Jeder wird von einem Kind begleitet.
Alle Fußballer stellen sich
in einer langen Reihe auf.
Die Kinder stehen davor.
Lasse drückt vor Aufregung Opas Hand.
Dort unten sieht er die Stars,
die er nur aus dem Fernsehen kennt.

Im Fanbereich werden
viele bunte Pappen hochgehalten.
Alle zusammen sehen aus wie
ein riesiges, schwarz-rot-goldenes Herz.
Die Lieder der Länder ertönen:
die Nationalhymnen.
Einige Spieler und viele Fans singen mit.
Das sieht Lasse auf den Bildschirmen.
Die deutsche Melodie kennt er,
aber er weiß den Text nicht.
Opa singt auch nicht mit.

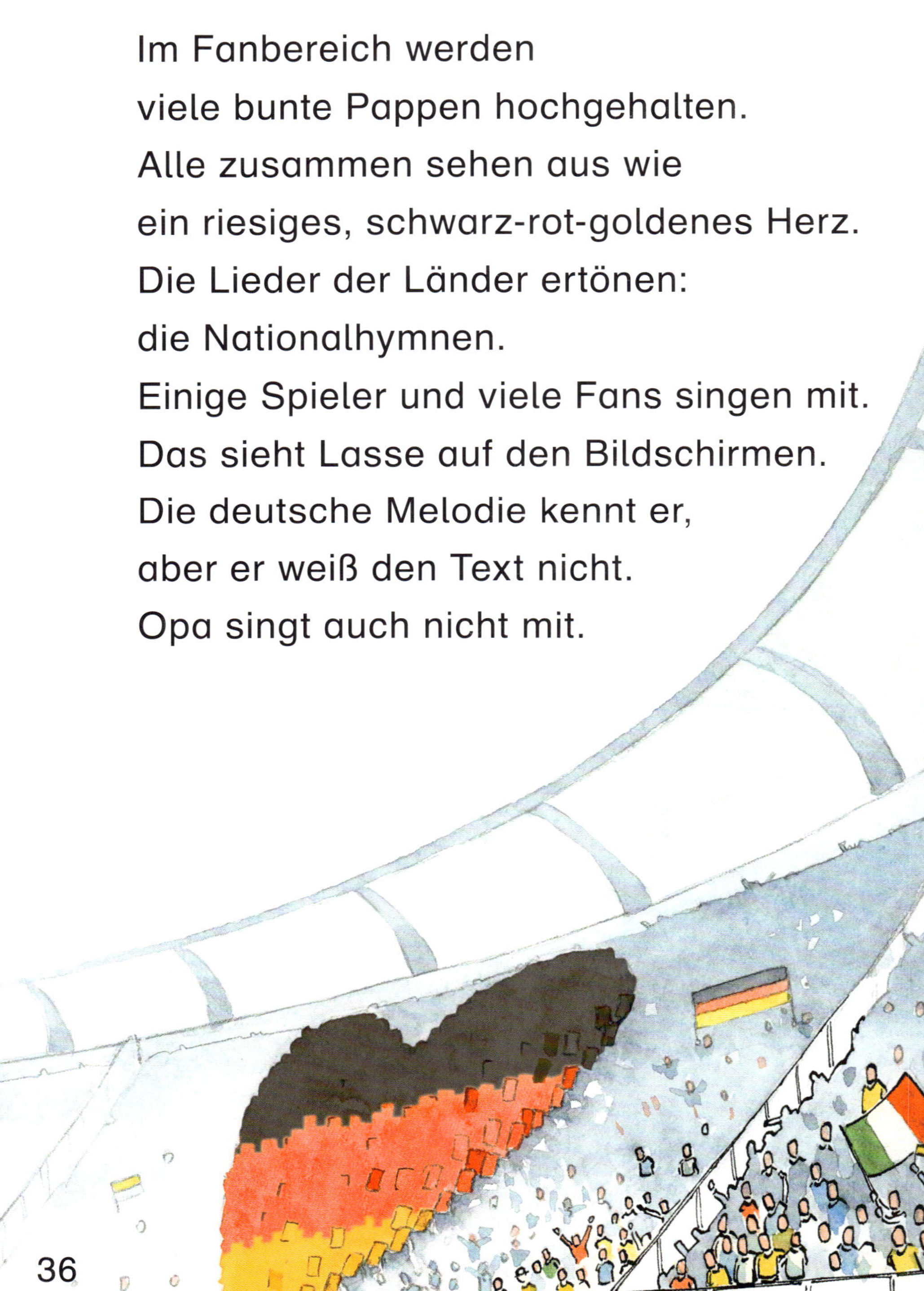

Beim letzten Ton laufen die Kinder schnell vom Platz.
Die Spieler der Mannschaften schlagen sich ab.
Der Schiedsrichter wirft eine Münze in die Luft und fängt sie auf.
Die beiden Mannschafts-Kapitäne schauen auf seine flache Hand.
Italien hat die Platzwahl.
„Wir haben Anstoß!“, sagt Opa.
Die bunten Pappen verschwinden.
Und nun erscheinen viele Fahnen.
Der Anpfiff schallt durchs Stadion.

„Die Mannschaften tasten sich ab“,
sagt Opa.
Lasse weiß,
was das bedeutet:
Die Mannschaften spielen vorsichtig.
Sie warten ab.
Was machen die Gegner?
Welchen Plan
haben sie?

Plötzlich fliegt der Ball
in hohem Bogen
Richtung italienisches Tor.
Lasses Lieblingsspieler rast los.
Kein Gegner holt ihn ein.
Er ist wirklich wieder fit.
Der Ball landet genau vor ihm.
Gleich macht er das erste Tor!
Da tritt ein Italiener
direkt auf seinen Fuß.
Lasse ärgert sich.

Opa ruft wütend: „So eine Gemeinheit!"
„Elfer! Elfer!",
brüllen die Zuschauer sauer.
Der Schiedsrichter zeigt auf
den weißen Punkt vor dem Tor.
Von dort wird der Elfmeter geschossen.
Opa findet die Entscheidung richtig.
Die italienischen Fans
schimpfen und pfeifen.

„Hat er ihn verletzt?“,
fragt Lasse.
„Nein, nein“, beruhigt ihn Opa.
„Siehst du? Er steht schon
am Elfmeterpunkt.“
Jetzt kommt es drauf an.
Bleibt er ruhig und trifft?
Oder vergibt er die Chance?
„Bitte, triff!“, wünscht sich Lasse.
Er drückt ganz fest beide Daumen.
Opa hält die Hände vor die Augen.

Profifrage 6

Was stimmt?

- Opa drückt die Daumen.
- Lasse hält sich die Hände vor die Augen.
- Beide sind aufgeregt.

Lasses Lieblingsspieler schießt
in die rechte obere Ecke.
Der Torhüter fliegt
auf die richtige Seite.
Aber er verfehlt den Ball knapp.
„Toooooor! Toooooor!“,
schallt es durch das Stadion.
Manche Fans umarmen
und küssen sich.
Andere schlagen sich ab.
Es wird gejubelt.

Opa hebt Lasse in die Luft
und dreht sich mit ihm im Kreis.
Vor dem Fernseher macht Opa das nicht!
Auch Lino hüpft freudestrahlend.
Jetzt schaut er hoch.
Lasse dreht sich schnell um.
Er zeigt auf seinen Namen
und auf seine Rückennummer.
Lino hält beide Daumen hoch.

Alle wissen:
Es ist noch nichts entschieden.
Beide Mannschaften strengen sich an.
Die Mannschaft aus Italien will
schnell das Ausgleichstor schießen.
Und die deutsche Mannschaft will
möglichst schnell ein zweites Tor.

Mal prallt der Ball
gegen den Pfosten.
Mal landet er an der Latte.
Einmal fliegt er über das Tor.
Die Fans pfeifen den Gegner aus
und jubeln für die eigene Mannschaft.
Plötzlich pfeift
der Schiedsrichter ab.
Die erste Halbzeit ist vorbei!
„Schon Pause?“, wundert sich Lasse.

So ist das eben im Stadion.
Hier geht die Zeit schnell vorbei!
„Komm mit, wir müssen uns beeilen!“,
sagt Opa und steht auf.
„Wohin willst du?“, fragt Lasse
und greift nach Opas Hand.
„Eine Pause ohne Essen
ist keine Pause“, sagt Opa.
Beide drängen zum Imbissstand.

Dort steht auch Lino.
„Ich heiße Lasse!“, sagt Lasse.
Lino grinst.
„Das weiß ich doch längst!“
Er zeigt auf Lasses Rücken.
„Unsere Abwehr verteidigt gut!
Wir lassen heute
kein Tor rein, oder?“,
fragt Lino.
Lasse zuckt mit den Schultern.
Er ist sich da nicht so sicher.

Profifrage 7

Wie sieht Lasse die Torchancen für Italien?

- Er ist unsicher.
- Er ist zuversichtlich.
- Es ist ihm egal.

4. Glück gehabt!

Lasse steckt sich
eine Fritte in den Mund.
„Unser Maskottchen hat heute wohl
was anderes zu tun.
Oder hast du Paule schon gesehen?“,
fragt Lino.
Lasse überlegt und schüttelt den Kopf.
Nein, er hat den Adler
noch nicht entdeckt.

„Vielleicht ist Paule krank?“,
vermutet Lino.
Lasse meint: „Der Glücksbringer
der Nationalmannschaft
kann doch nicht krank sein!“
„Vielleicht ja doch?“,
sagt Lino und lacht.
Dann folgt er seinem Vater zum Platz.

Lasse findet das nicht lustig.
Beim Fußball braucht man
immer ein bisschen Glück, findet er.
Genau das fehlt aber gerade.
Bei einem Torschuss der Italiener
rutscht der deutsche Torhüter aus.
Der Ball saust an ihm vorbei
und landet im Tor.
Opa fasst sich an den Kopf.
„So ein Pech aber auch!“

Der Torschütze jubelt.
Überall fliegen
grün-weiß-rote Papierfetzen!
Die Fans von Italien klatschen Beifall
und tanzen vor Freude.
Lasse denkt: „Jetzt freut sich sicher
auch das Mädchen aus dem Auto!“
Der neue Spielstand blinkt: 1:1!
„Das wird noch mal richtig spannend!“,
ruft Opa.

„Hast du Paule schon gesehen?“,
fragt Lasse.
Aber Opa hört gar nicht zu.
Er starrt nur aufs Spielfeld.
Lasse schaut sich weiter um.
Irgendwo muss er doch sein!
„Da! Da ist er ja!“, sagt Lasse
und zeigt auf
den schwarzen Plüschadler.
Opas Augen folgen nur dem Ball.

„Oh, oh! Glück gehabt!
Das war fast ein Tor für Italien!“,
sagt Opa.
Lasse grinst.
Paule bringt eben Glück!
Jetzt steht er am Rand des Spielfelds
und winkt den Zuschauern.
Viele Kinder winken zurück.
Auch Lasse.
Aber er weiß natürlich,
dass in dem Kostüm
ein Mensch steckt.

Profifrage 8

Wo findet man Paule meistens?

- am Spielfeldrand
- an der Hand eines Ersatzspielers
- auf der Trainerbank

Die letzten Minuten entscheiden,
ob es noch einen Sieger gibt.
Aber viele Zuschauer
verlassen schon das Stadion.
„Es sind doch noch 19 Minuten!
Wieso gehen die alle schon?“,
fragt Lasse.
Opa zuckt mit den Schultern.
„Vielleicht sind sie enttäuscht.“

Lasse meint:
„Jetzt steht es noch unentschieden.
Aber vielleicht gibt es
ja noch einen Treffer!“
Wieder zuckt Opa mit den Schultern.
„Vielleicht wollen sie sich
auch nur das Gedränge
nach dem Abpfiff ersparen.“
Lasse kann das nicht verstehen.
Aber es bleibt bis zum Schluss
beim Gleichstand.
„Kein Sieger!“, stellt Opa fest.
„Und kein Verlierer“, grinst Lasse.

Einige Spieler sitzen erschöpft
auf dem Boden.
Einzelne Spieler tauschen ihre Trikots.
Auch Lasses Lieblingsspieler
trägt jetzt ein italienisches Trikot.
Die Mannschaften drehen
ihre Ehrenrunde durch das Stadion.
Sie kommen ganz nah
an den Zuschauern vorbei.
Man kann alle Spieler
genau erkennen.

Lasse winkt Lino
und seinen Vater zu sich.
Lino und Lasse sind sich einig.
„Das war toll!“
Dann verabschieden sie sich
und gehen in verschiedene Richtungen.
Lino und sein Vater
sind von weit her angereist.
„Tschüss und bis bald!“,
schallt es aus den Lautsprechern
durch das Stadion.

Nach einer Weile schaut Lasse
noch mal zurück zum Stadion.
„Jetzt bin ich dran.
Gib mir mal deine Hand!“,
sagt Lasse.
Opa lächelt.
Lasse schreibt:
„Das war super. Danke!“
Lasse grinst.
„Damit du es nicht vergisst!“

Für Vollprofis

Jetzt ist die Geschichte zu Ende.
Hier geht's mit Rätseln für Vollprofis weiter!
Die Lösungen findest du auf der Rückseite.

1. Was tragen Fußballspieler auf dem Spielfeld?

2. Welche Fahnen sind die richtigen?

Für Vollprofis

3. Welche Pfiffe gehören zum Fußball?

- ○ Auspfiff ✪
- ○ Pfiffikus ✦
- ○ Abpfiff ▲
- ○ Anpfiff ♦
- ○ Dünnpfiff ♥
- ○ Pfifferling ■
- ○ Schlusspfiff ▮
- ○ Pausenpfiff ●
- ○ Warnpfiff ◗

Herzlichen Glückwunsch!

Geschafft. Jetzt bist du im Lesen ein echter Vollprofi! Noch mehr spannende Bücher findest du unter www.duden-leseprofi.de

Lösungen

1. ♦; ▲; ●; ♥; ▮
2. ■; ♦
3. ▲; ▮; ●; ♦

Leseprofi von Duden – von Anfang an richtig

1. Klasse

Jeweils 48 Seiten, gebunden.

- Mila hat nur Ballett im Kopf
  ISBN 978-3-7373-3255-2
- Kleines Kätzchen in Not
  ISBN 978-3-7373-3283-5
- Nick, Lotta und die Mutkastanie
  ISBN 978-3-7373-3276-7
- Ein Kuchen verschwindet
  ISBN 978-3-7373-3284-2

2. Klasse

Jeweils 64 Seiten, gebunden.

- Verfolgungsjagd im alten Rom
  ISBN 978-3-7373-3280-4
- Fußballhelden
  ISBN 978-3-7373-3256-9
- Ein Einhorn in Gefahr
  ISBN 978-3-7373-3281-1
- Ein Fall für die Hafenkatzen
  ISBN 978-3-7373-3258-3

Alle Duden Leseprofis finden Sie unter
www.duden-leseprofi.de

Das Lesezeichen ist dein Lösungsschlüssel für die Profifragen!

Für jede Antwort findest du ein Puzzleteil.

Wenn es zum Puzzle auf dem Lesezeichen passt, ist die Antwort richtig!